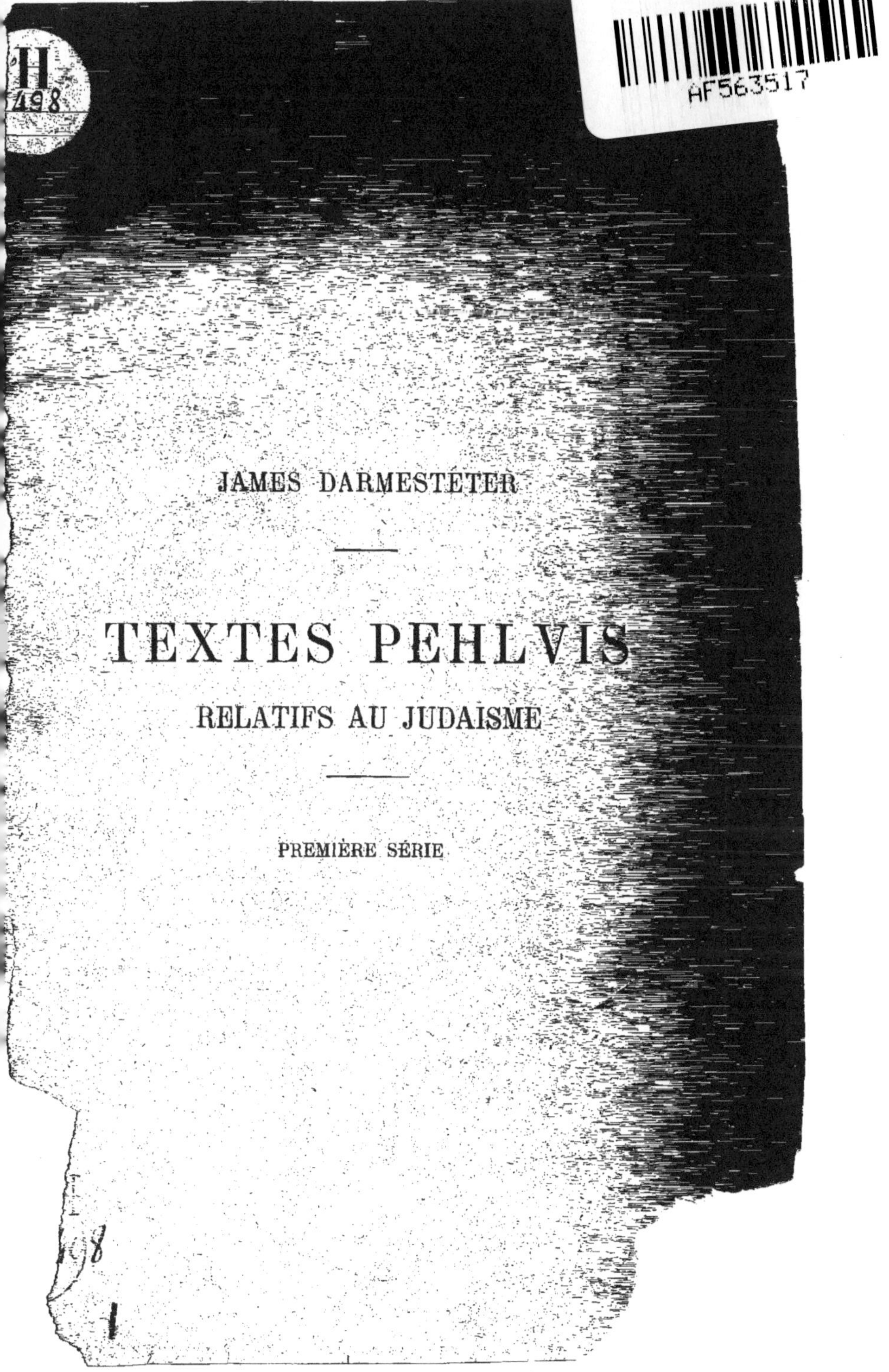

JAMES DARMESTETER

TEXTES PEHLVIS
RELATIFS AU JUDAISME

PREMIÈRE SÉRIE

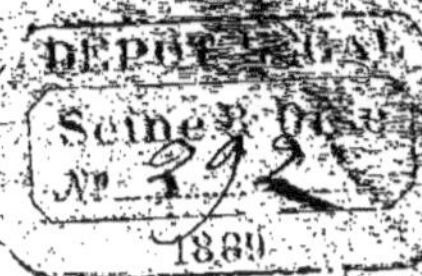

TEXTES PEHLVIS RELATIFS AU JUDAISME

PREMIÈRE PARTIE.

Après la chute de Jérusalem et la captivité, la Babylonie était devenue une seconde Palestine ; après la destruction du second temple, au premier siècle de notre ère, elle devint le véritable centre du Judaïsme. Le Judaïsme, persécuté par Rome païenne, puis par Rome chrétienne, y avait retrouvé une patrie : sous la féodalité guerrière des rois Parthes ou Arsacides, animée, en religion comme en politique, d'un esprit de dédaigneuse et tolérante indifférence, absolument dégagée de toute préoccupation sectaire et respectueuse des indépendances locales, les Juifs de Babylonie formaient une communauté autonome et libre.

En l'an 226, la dynastie Parthe est renversée par une dynastie nouvelle, la dynastie Sassanide, originaire de la province de Perse, zoroastrienne ardente, qui fait du Magisme la religion de l'état. Cette révolution fut un coup terrible pour la colonie juive, dont tous les vœux avaient été pour le dernier Parthe, Artaban, dans sa lutte contre Ardéchir. Le grand docteur juif du temps, Rab, le fondateur de l'école de Sora, avait été l'ami d'Artaban ; à la nouvelle de la mort d'Artaban, il s'écria : « le pacte est déchiré ». Les Perses, en effet, enlevèrent aux tribunaux juifs le droit de se prononcer dans les affaires criminelles ; ils enlevèrent aux Juifs l'accès aux fonctions publiques et menacèrent leur liberté religieuse. Aux jours annuels où se rallume le grand feu sacré [1], le feu Behrâm, formé de mille feux, ils pénétraient de force dans les maisons des Juifs, en enlevaient les tisons allumés et les forçaient ainsi à contribuer au culte étranger ; et comme le Magisme défend

[1] Hypothèse : le texte n'indique point le jour, il est dit seulement : certains jours de l'année pendant lesquels leur religion défendait d'avoir du feu chez eux ; *Revue des Études juives*, 1884, t. IX, 278.

de souiller la terre en ensevelissant les cadavres, ils ouvraient les tombes juives et en déterraient les ossements, qu'ils allaient exposer sur les hauteurs. Les Juifs regrettaient avec amertume le temps des Parthes : « Les Parthes, disaient-ils, ressemblent aux armées du roi David ; les *Haberim*[1] sont de vrais démons[2]. »

Mais la période d'intolérance passa vite. La piété des Sassanides n'était persécutrice que quand la politique l'enflammait. Les persécutions continuèrent longtemps contre les Chrétiens, parce qu'on redoutait leurs sympathies byzantines, et parce qu'ils étaient les alliés nés de l'ennemi national ; elles durèrent jusqu'au jour où la trop orthodoxe Byzance, en persécutant et expulsant les Nestoriens, que les rois de Perse accueillirent à bras ouverts, amena en Perse la formation d'un parti chrétien national, une sorte de gallicanisme iranien. Les Juifs, aussitôt qu'il fut reconnu que leurs regrets ne portaient que sur le passé et ne regardaient pas au-delà de la frontière, retrouvèrent sous les Sassanides la liberté dont ils avaient joui sous les Arsacides. La persécution se ralluma bien de temps en temps, sous des princes trop fervents et plus religieux que politiques, comme Yezdegird II (438-457) et Firouz (457-484) ; mais ce ne sont que des tourmentes passagères. Les Juifs, d'ailleurs, ne demandaient pas mieux que de se fondre avec la nation où ils vivaient : dès l'avènement des Sassanides, le chef de l'école de Néhardéa, Mar Samuel, avait posé le grand principe politique de la soumission aux lois du pays : *dînâ demalkhoutâ dînâ,* « la loi du pays fait loi ». C'est le principe absolument contraire que l'Islam devait proclamer, et cette différence d'attitude des deux religions suffit à elle seule à faire saisir la différence de leur esprit et à expliquer la différence de leurs destinées.

Il nous a paru qu'il serait intéressant de rechercher dans la littérature Sassanide l'écho des sentiments de la Perse à l'égard des Juifs.

Cette littérature, désignée généralement, d'après la langue où elle est conçue, sous le nom de littérature pehlvie, est surtout d'origine sacerdotale : elle consiste en commentaires et en livres de casuistique religieux émanant des Mages. Cette littérature, très vaste, n'a pas encore été suffisamment défrichée, d'abord à cause de son étendue et parce qu'elle est encore inédite pour la plus grande partie, ensuite à cause du caractère rébarbatif de la

[1] Probablement les Mages, « la confrérie ».
[2] Voir Graetz, *Histoire des Juifs*.

langue et de l'écriture pehlvie, qui fait qu'un livre pehlvi n'est pas une chose à lire, mais à déchiffrer. Je donnerai les passages que j'ai recueillis dans les textes qui sont accessibles. Ils sont tirés la plupart d'ouvrages théologiques et inspirés par l'esprit de polémique religieuse, le *Dînkart* et le *Shikand gûmânîk vijâr ;* deux autres passages d'un intérêt historique ou légendaire sont tirés du *Minokhired* et du *Livre des Rois pehlvi.* Tous ces textes datent pour le fond de la période Sassanide et se rapportent à une époque où les écoles juives de Babylonie étaient encore florissantes.

I

L'esprit des livres théologiques est naturellement hostile. Le *Dînkart*, la plus vaste compilation théologique des Parsis, fait de nombreuses allusions polémiques aux religions étrangères du temps, à celles du moins contre lesquelles le Magisme avait à lutter : ce sont « la religion *Yahoud*, celle du Messie (Masîh) et celle de Mani[1] », c'est-à-dire le Judaïsme, le Christianisme et le Manichéisme. Voici une des dix recommandations qu'il prête à Saint Sîn[2], un des premiers docteurs de la légende zoroastrienne : « Comme la doctrine du Mazdéisme fait prospérer le monde et que celle du Judaïsme le fait périr, il faut que les princes gouvernent suivant la loi pure du Mazdéisme et se tiennent éloignés du Judaïsme[3] ». Nous reviendrons plus tard sur ce passage, qui semble contenir une allusion à quelque prince judaïsant ou suspect de judaïser.

Dans l'apocalypse persane de Daniel, la période perse est résumée dans les termes suivants. « Ils épouseront leurs mères et leurs pères; ils adoreront le soleil, mais feront régner la paix dans le monde. Les sages d'Israël feront amitié avec eux et appren-

[1] Chapitre XXIX du *Dînkart*, édition de Destour Peshotun (Bombay).

[2] Le saint dont le Destour lit le nom Dayûn (la polyphonie des caractères pehlvis permet les deux lectures) : c'est en réalité le saint Saêna, mentionné dans le Yasht des Férouers, § 97, comme étant le premier maître qui ait paru sur terre, avec cent élèves (*yô paoiryô satô-aêthryô frakhshtata paiti ayâ zemâ*). L'identité du docteur du Dinkart avec le Saêna de l'Avesta ressort de cet autre passage du Dinkart, cité par le Destour : « Parmi les Destours, il est dit de *Sên* (Dayûn) : quand la Loi aura été en existence cent ans, Sên naîtra ; quand elle aura eu deux cents ans, il mourra ; et il sera cent ans le premier des Mazdayasniens qui aura paru sur cette terre avec cent disciples » (Zakia *fartûmi* mazdayasn 100 sâl yahvûnt man *pun 100 hâvisht frâc yeâtûnît medam danâ zamîk ;* les mots soulignés correspondent exactement aux mots de l'Avesta cités plus haut).

[3] Chapitre CLCVII, § 8. — Voir encore ch. CL, § 2.

dront beaucoup d'eux, et eux-mêmes s'informeront beaucoup du Seigneur auprès des Israélites. » Dans notre essai sur cette apocalypse, nous rappelons que ces rapports d'amitié et d'instruction mutuelle ont en effet laissé leur trace et dans le Parsisme et dans le Rabbinisme [1]. Mais ils ont pris souvent aussi une autre forme, la forme de la discussion et de la polémique religieuse. Il faut se représenter les rapports des Docteurs avec les Mages à peu près comme ceux d'un rabbin moderne avec un missionnaire protestant ou un clergyman discuteur. C'était quelquefois le Juif qui attaquait : ainsi, le Dînkart contient tout un chapitre en défense des mariages entre frère et sœur, le *Khêtûdâs*, contre les attaques d'un Juif [2]. Plus souvent, sans doute, c'était le Mage qui prenait l'offensive. Il nous reste de cette littérature polémique un débris des plus curieux : il fait partie du *Shikand gûmânîk vijâr*, « Explication qui détruit le doute », ouvrage dont le titre indique l'objet et qui contient une défense en règle des principes du dualisme et une réfutation en règle du Judaïsme, du Christianisme et du Manichéisme.

Le *Shikand gûmânîk* [3] ne date point de la période Sassanide ; il a été écrit après la conquête arabe, dans la seconde moitié du IXe siècle, et à une époque où le Zoroastrisme était à son tour persécuté : mais cette position nouvelle ne change rien naturellement à sa conception du Judaïsme, et il est intéressant de considérer quel était le point de vue d'un bon Zoroastrien du haut moyen âge ayant à juger les principes du Judaïsme.

Cette réfutation est plus ancienne qu'aucune des réfutations chrétiennes du moyen âge. Elle en diffère absolument, comme on pouvait s'y attendre, d'esprit et de caractère. Le Chrétien en polémique contre le Juif est en réalité sur la défensive, car il admet tout ce qu'admet le Juif ; sa croyance n'existe que par celle du Juif ; seulement, il admet en plus, et c'est là sa seule raison d'être, des choses que le Juif repousse, parce qu'il ne les trouve pas dans le texte commun, de sorte qu'en réalité le polémiste chrétien, en ayant l'air d'attaquer, ne fait que se défendre et se justifier.

[1] *Mélanges Renier*, p. 413.

[2] Chapitre LXXX. La traduction du Destour est très inexacte : se reporter à la traduction donnée par M. West dans le second volume des *Pahlavi Texts*, p. 399 sq.

[3] Le texte, qui ne nous est arrivé qu'en version pazende, a été publié avec une traduction sanscrite indigène et une rétroversion partielle en pehlvi, par le Destour Hoshang et M. West ; Bombay, *Government central Book Depot*, 1887. M. West en a donné une traduction dans le troisième volume de ses *Pahlavi Texts*.

La position du Parsi est tout autre. Il n'a rien de commun avec le Juif et juge sa croyance avec ses propres lumières et ses propres principes. Sa position est celle du libre penseur, toutes les fois qu'il ne fait pas intervenir — fort imprudemment sans doute, s'il a trouvé qui riposte — ses propres principes métaphysiques et autres. Aussi, bien des passages des pages suivantes auraient pu être écrites par Celse et les auteurs des contre-évangiles et semblent des fragments de la *Bible enfin expliquée*, remaniée à l'orientale. L'auteur déploie d'ailleurs une réelle force de logique et de dialectique, qualité ordinaire chez les théologiens de toute religion quand ils ont l'offensive.

L'intérêt de curiosité n'est pas le seul qu'offrent ces textes. Ils en offrent un autre plus sérieux : c'est un élément nouveau dans l'histoire de l'exégèse biblique en Orient. D'où sont prises les nombreuses citations de la Bible que contient la réfutation du docteur Parsi ? Il est peu vraisemblable qu'il les ait tirées directement du texte hébreu : il avait donc sous les yeux une traduction au moins partielle de la Bible ? Quelle est cette traduction ? Y avait-il une traduction pehlvie de la Bible ? A quelle école d'exégèse se rattachait-elle et se ramène-t-elle à une branche connue ? D'où a-t-il pris les *midrashim* étranges du second chapitre ?

Je me contente de mettre les matériaux aux mains des exégètes.

CHAPITRE XIII.

1. Des contradictions et des absurdités de la première Ecriture [1], dite Sainte-Écriture [2], sur laquelle les Juifs s'accordent à dire que Dieu l'a écrite de sa main et l'a donnée à Moïse [3]. Comme elle est pleine de toute sorte d'erreur et de perversité, je vais vous en donner, pour votre instruction, quelques exemples dans le nombre [4].

Il est dit au début de ce livre qu'au commencement il y avait la terre, formant une île aux eaux stagnantes [5], et les ténèbres et l'eau

[1] *Nakhustîn niwé* désigne, semble-t-il, non pas l'Ancien Testament, mais le premier livre de la Bible, c'est-à-dire le Pentateuque et peut-être plus strictement encore la Genèse. Toutes les citations et allusions bibliques de ce chapitre se réfèrent, en effet, à la Genèse.

[2] *Ajât*, persan *âzâd*, littéralement *libre* et *noble*.

[3] Ecrit *Mûshâê*.

[4] Littéralement : « Un peu (*nihangé* = svalpa) de beaucoup qui est en elle. »

[5] *Zamî i âw khûn u târ u târîkî u âw i syâh : âw khûn* est traduit littéralement en sanscrit *payô rudhirâ*, « formée de lait et de sang ». M. West voit dans *âw khûn* une fausse lecture du pehlvi *afâm* (sans couleur) et traduit without form. *Aw khûn* est en réalité le persan *âb khûn*, île où l'eau croupit.

noire[1]. Et le souffle de Dieu planait sur la face de cette eau noire[2]. Puis Dieu dit : *Que la lumière soit !* Et la lumière fut. Et (se penchant) en bas, il trouva bonne la lumière[3], et il attribua la lumière au jour et les ténèbres à la nuit. Et en six jours il créa ce monde, le ciel et la terre ; car le septième jour il se reposa[4]. Et c'est aussi à raison de ce mystère que les Juifs se reposent le jour du sabbat[5].

15. Il est dit encore qu'il créa Adam et sa femme Ève[6] et les mit dans un jardin du Paradis, afin qu'Adam cultivât ce jardin et s'y promenât. Adînô[7], qui est Dieu même, dit à Adam : « Mange de tous les arbres qui sont dans ce jardin, excepté de l'arbre de la science. Car qui en mangera mourra. » Ensuite il mit un serpent dans le jardin. Ce serpent trompa Ève et lui dit : « Cueille le fruit de cet arbre, que nous le mangions et le donnions à Adam. » Et elle fit ainsi, et Adam en mangea aussi. Et ils curent la connaissance de distinguer le bien du mal, mais ne moururent pas. Et il vit et reconnut qu'il était nu. Il se cacha sous l'arbre et se couvrit de feuilles d'arbres, par honte de sa nudité. Ensuite Adînô alla dans le jardin et appela Adam par son nom, criant : « Où es-tu ? » Adam répondit : « Me

[1] Dans Pirké Rabbi Eliézer, ch. v : « La terre est sur l'abîme comme un vaisseau sur la mer ». — L'eau *noire* est une conception chère aux Mandéens qui revient souvent dans leur *livre d'Adam*. (Note communiquée par M. Israël Lévi.)

[2] L'original : « et le souffle de Dieu couvait sur la face des eaux » est traduit *u vakhsh* (רוח) *i Yazat awar rod i ā âw i syâh hamé nyâwed* (מרחפת). Sont obscurs les deux mots importants de la phrase, *vakhsh* et *nyâwed*. La traduction sanscrite porte : et Dieu *regarde* (sadaiva paçyati) avec ses *yeux* (locanâbhyâm) sur la surface de cette eau noire ; cf. § 49, où vakhsh est traduit cakshushî. Le traducteur a lu *akhsh*, œil, au lieu de *vakhsh* (u-akhsh). C'est ainsi que dans la citation d'Isaïe que l'on trouvera au chapitre suivant, § 9, רוחו, son souffle, est traduit dans le pazend *u vakhsh* et en sanscrit *locanam*. *Vakhsh* est certainement une corruption orthographique du pehlvi pour *vât* le vent; la traduction persane de Tavus a *bâd* (Saadia *riâh*).

[3] *Vash azher nigônaa shîhast ā rôshanî* : il y a ici quelque corruption du texte pehlvi : *shîhast* = *medammûnist*, parut ; le sens doit être : cette lumière lui parut *bonne* ; on aura écrit nîkûn au lieu de *nîvako* = *nîk*. *Azher* est pléonastique ; il a le sens de *nîkûn* : il manque dans le passage correspondant, § 51.

[4] *Aspîn u âsā : aspîn* est la forme ancienne (zend *aspen*) ; *âsā* est la forme moderne dérivée, persan *âsân*. Voir *Études iraniennes*, II, 134.

[5] *Shunbat* ; persan *shamba* : la forme ancienne se trouve encore dans Menoutchehri (xie siècle ; ed. Kazimirsky, p. 221) :

Befâl i nîk uberôzi mubâraki *Shunbad*
Nibîd gîr u madeh rôzgâri hvesh bebad.
Badîni Mûsâ inrôz khoshtar ast nibîd
Bekhor muvâfaqatash râ nibîdi no shunbad.

« Sous de bons auspices, en ce jour béni de Sabbat, prends du vin et ne gâche pas ta vie.

» Aujourd'hui (jour de Sabbat), dans la religion de Moïse, le vin fait plus de plaisir ; bois donc, pour t'y conformer, du vin nouveau le jour de Sabbat. »

Le poète passe en revue toutes les religions et tous les jours de la semaine avec même conclusion.

[6] Écrit *Havâê*.

[7] *Adînô*, pour *Adônô* ou *Adûnô* אדונ. Pour la transcription *î* d'un ancien *û*, voir Carl Salemann, *Ueber eine Parsenhandschrift*, 11 sq.

voici sous l'arbre, parce que je suis nu. » Adinô entra en colère et dit : « Qui t'a appris que tu es nu ? Serait-ce que[1] tu as mangé de l'arbre de science dont je vous avais dit : n'en mangez pas ? » Adam répondit : « C'est la femme que tu m'as donnée qui m'a trompé. » Et Adinô demanda à Ève : « Pourquoi as-tu fait ainsi ? » Ève répondit : « C'est le serpent qui m'a trompée. » Et Adam, Ève et le serpent furent tous trois maudits et chassés du jardin du Paradis. Il dit à Adam : « Tu te nourriras avec effusion de sueur et essoufflement des narines[2] jusqu'à la fin de tes jours de vie, et la terre ne produira pour toi que sous les ordures et les excréments[3]. » Et il dit à Ève : « Ta grossesse sera dans la douleur et la peine et tu enfanteras dans d'horribles souffrances. » Et il dit au serpent : « Parmi les quadrupèdes et les bêtes fauves de la plaine et de la montagne, sois maudit. Tu seras sans pied, tu marcheras sur le ventre et la poussière sera ta nourriture. Il y aura haine et guerre entre tes descendants et la femme, de sorte que les fils de la femme te blesseront à la tête ». Ils ajoutent que c'est pour l'homme que Dieu a fait et créé le monde et tout ce qui est aucune part, et qu'il a établi l'homme roi sur tous les êtres et toutes les créatures, de l'élément sec et de l'élément humide.

48. A présent, je vais dire quelques mots sur le contenu de leur fatras et la niaiserie de leurs discours. Où étaient et dans quelles limites étaient contenues cette terre formant une île stagnante, ces ténèbres, et Dieu et son souffle et l'eau noire ? Et Dieu même, de quelle nature était-il ?

51. Il est évident qu'il n'était pas lumineux, puisque, quand il vit la lumière, il l'admira[4], parce qu'il ne l'avait point vue auparavant. S'ils disent qu'il était ténébreux, il en ressort alors qu'une parole, née des ténèbres, développe (?) la lumière[5]. S'ils disent qu'il n'était pas ténébreux, mais lumineux, comment se fait-il que cet être, étant lumineux de lui-même, quand il vit la lumière, en parut tout émerveillé ? S'ils disent qu'il n'était ni lumineux ni ténébreux, qu'ils nous fassent connaître cette troisième nature qui n'est ni lumineuse ni ténébreuse[6].

59. Et encore, ayant son lieu et sa demeure dans les ténèbres et dans l'eau noire, et n'ayant jamais vu la lumière auparavant, comment pouvait-il voir cette lumière ? Et d'où venait sa divinité ? Car, à présent, un être qui demeure dans les ténèbres ne peut voir la

[1] Ma agarat = magar at.

[2] *Qarashni pa hustarashni i qaê udamashni i vînî bât.* Dans l'original : Tu mangeras du pain à la *sueur* de ton front (littéralement de tes *narines*), III, 19.

[3] *Vat zami hamâ hikir u kimâr rôdât* וקוץ ודרדר תצמיח לך (III, 18).

[4] *Nigônaa shihast.* Voir plus haut, p. 6, note 3.

[5] *Frâ i roshan* ; *frâi* = zend *frâyô.*

[6] Se rappeler dans tout le cours de cette argumentation que pour le Parsi il y a deux principes éternels, l'un lumineux et bon, l'autre ténébreux et mauvais, irréductibles l'un à l'autre.

lumière. Et s'il avait sa racine et sa demeure dans les ténèbres, comment pouvait-il aller au-devant de la lumière? Car il est clair que les ténèbres ne peuvent aller à l'encontre de la lumière qui les repousse et les fait disparaître.

64. Autre chose. Cette terre, formant une île stagnante, était-elle finie ou infinie? Si elle était finie, qu'y avait-il en dehors d'elle? Si elle était infinie, qu'est devenu son infini? Puisque, comme nous le voyons, cette terre et ce monde ne sont pas la terre et le monde primitifs.

68. Et quant à ceci qu'Adînô dit: « *Que la lumière soit!* » et la lumière fut; il faut observer qu'Adînô existait avant la lumière; or, quand il désira créer la lumière et donna ordre qu'elle fût, il a dû réfléchir et se demander comment est la lumière, si elle est belle ou laide. Mais si la lumière, par sa propre nature, est entrée dans la connaissance et la préoccupation d'Adînô, il en résulte clairement que la lumière existait à la fois et dans la connaissance et la pensée d'Adînô et en dehors d'elle: car il est impossible de connaître et concevoir une chose si elle n'existe pas [1]. Si la lumière existait déjà, elle n'est pas [2] une création d'Adînô! Et s'ils disent que par sa propre nature la lumière n'était point dans la connaissance (d'Adînô) et qu'il la désira sans connaître ce qu'elle était il agissait fort inconsidérément. Et comment peut-on réfléchir sur une chose dont on n'a jamais eu ni la connaissance ni l'idée?

78. Autre point. Cet ordre que la lumière fût, l'a-t-il donné à chose existante ou à néant? Une chose est certaine, c'est qu'un ordre ne peut se donner qu'à quelqu'un qui l'accomplisse. S'il a donné cet ordre à un être lumineux, cet être lumineux même existait donc déjà. S'il a donné cet ordre à un non-être, comment ce non-être a-t-il obtempéré [3] à l'ordre d'Adînô? Comment a-t-il compris que le désir d'Adînô était qu'il devînt lumineux? car le non-être ne peut pas plus obtempérer à l'ordre d'Adînô que si Adînô n'avait pas donné d'ordre. Le non-être ne peut penser en aucune façon. Ce non-être qu'il créa, donnant l'être au non-être, était donc savant et prescient, puisqu'il savait ce qu'Adînô voulait qu'il fût, et tel qu'Adînô le voulait tel il fut.

86. S'ils disent que la lumière est sortie de la parole d'Adînô, qu'il dit *sois* et elle fut; comme Adînô et sa nature étaient obscurs et qu'il n'avait jamais vu la lumière, comment cette lumière a-t-elle pu sortir de la parole? Car on sait que la parole est fille de la pensée [4]. S'ils disent que sa parole devint lumineuse, cela est tout à fait étonnant,

[1] Il est curieux de retrouver ici le fameux raisonnement du parfait par lequel saint Anselme, puis Descartes ont prouvé l'existence de Dieu.

[2] *ā râ afridaai Adînô hast*. La particule *râ* n'est point le persan *râ*, *râi*; c'est la négation sémitique *lâ* (écrite en pehlvi *râ*) et conservée par erreur, au lieu d'être transcrite *na*.

[3] Le sanscrit traduit « entendu » (*açrnot*), comme s'il y avait *shnûd* au lieu de *khshnûd*.

[4] Et l'idée de lumière n'existait pas encore.

car il faut alors que la lumière soit le fruit des ténèbres et la nature lumineuse aura son germe dans les ténèbres ; ou bien sera-ce que la lumière était cachée dans les ténèbres ? Ainsi que je l'ai dit, il est clair qu'on ne peut donner un ordre sans quelqu'un qui l'exécute. C'est quand la lumière a existé qu'un ordre a pu être donné.

94. Autre point. Toute cette création, ce ciel et cette terre, il les a créés et organisés en six jours et le septième jour il s'est reposé de son œuvre. Mais s'il a créé ce monde de rien autre que son commandement — *Ainsi soit ! et ainsi fut-il !* — pourquoi alors ce délai de six jours ? Car s'il n'avait d'autre peine que de dire *ainsi soit !* ce délai de six jours devient bien invraisemblable et il n'a pas dû bien se fatiguer. Si l'on peut faire l'être du non-être, et si lui le peut, il doit pouvoir le faire sans délai de temps. Et s'il ne peut le faire en moins d'un jour, on ne peut plus dire qu'il a créé l'être du néant.

100. Autre point. Puisque l'on ne connaît le nombre des jours que par le soleil, comment peut-on connaître le nombre des jours et leur nom avant la création du soleil ? Or, ils disent qu'il a créé le soleil leur quatrième jour, qui est mercredi.

102. Autre point. Pourquoi avait-il besoin de se reposer le septième jour ? Si pour faire et créer le monde, il ne lui fallait d'autre temps ni d'autre peine que de dire *sois !* comment expliquer qu'il lui faille ce jour de repos pour dissiper sa fatigue. Car si le mot *sois !* n'a duré qu'un instant, il n'a dû être non plus fatigué qu'un instant et a dû être remis tout aussitôt.

106. Autre point. Pour quelle raison et quelle cause a-t-il créé Adam et Eve avec fonction d'accomplir sa volonté, sans leur donner en même temps un caractère tel qu'ils ne pussent s'écarter de l'accomplissement de son désir ? Car si, avant de les créer, il savait qu'ils ne devaient point écouter ses ordres et qu'il ait pourtant fini par les créer, s'impatienter contre eux et entrer en colère deviennent choses déraisonnables. Car il devient évident alors qu'Adinô même ne réalise pas son propre désir et qu'il est en lutte et en opposition[1] avec son propre désir. Si avant de les créer il ne les a pas connus et n'a pas su qu'ils n'obéiraient pas à ses ordres, il est ignorant et mal informé. S'ils disent que son désir intime était qu'ils ne fissent pas la chose qu'il ordonnait, pourquoi leur a-t-il donné l'ordre de la faire ? Et à ne pas la faire, quel crime y avait-il ? Comment peut marcher un cheval que l'on retient avec la bride et que l'on presse avec le fouet[2] ? Ces paroles ont toutes les marques et les caractères d'un trompeur, dont le désir et l'ordre sont en contradiction et en discordance l'un avec l'autre.

[1] *Patyâra*, le terme technique pour désigner la réaction mauvaise d'Ahriman sur les actes et les créatures d'Ormazd.

[2] Aspé kesh pa ragh ham ayozeñd (raçanâbharena niyojayanti) vash pa tâwânaa qashtâweñd.

116. Si son désir et sa volonté était qu'ils ne s'écartassent pas de sa volonté à lui, leur force et leur désir à s'en écarter étaient donc beaucoup plus puissants et plus forts que sa force et son désir ne l'étaient à les en empêcher. Si, au contraire, son désir réel était qu'ils s'écartassent de sa volonté et s'il savait qu'ils le feraient, et qu'il leur ait pourtant donné l'ordre de ne pas s'en écarter, comment le malheureux Adam pouvait-il ne s'en pas écarter? Il ne devait pas créer le monde : car, à s'écarter de son commandement, on pèche directement contre son commandement; à ne s'en pas écarter, on pèche contre son désir et contre sa prescience, et il y a péché des deux parts.

121. Autre point. Ce jardin qu'il arrangea, pourquoi et à quelle fin l'a-t-il fait? Et cet arbre même de la connaissance dont il leur a défendu de goûter, dont il leur a recommandé de ne pas goûter, dans quelle intention l'a-t-il créé? Cette recommandation, cette défense prouve qu'il chérissait davantage l'ignorance et le peu de sens et qu'il les aimait mieux que la science et la sagesse. Et il gagnait davantage à leur ignorance : car tant qu'ils n'avaient pas mangé de l'arbre de la science, ils étaient ignorants, et n'étaient pas désobéissants ni rebelles envers lui. Et dès qu'ils eurent la connaissance, ils devinrent désobéissants à son égard. Leur ignorance ne lui donnait point d'inquiétude, et aussitôt qu'ils gagnèrent la connaissance, il s'impatienta d'eux et s'irrita. Il les chassa du Paradis en grande détresse et honte et les jeta sur la terre. Bref l'origine de la science des hommes sur la terre est dans le serpent et la tromperie.

132. Ils disent encore que toute chose a été créée pour l'homme, d'où il suit clairement que l'arbre aussi il l'a créé pour l'homme; — qu'il a fait l'homme roi sur toute création et toute créature : s'il en est ainsi, pourquoi détourner leur désir de cet arbre qui leur appartenait?

135. Voici un mot qui prouve que sa connaissance était aussi petite que possible [1]. Car, s'il vint dans le jardin, cria et appela Adam par son nom, criant *Où es-tu?* c'est autant dire qu'il ignorait où était (Adam); et si Adam n'avait pas répondu, il n'aurait pas su où il était, et si (Adam) n'avait pas crié avant qu' (Adinô) ne le vît, il n'aurait pas su s'il avait mangé de l'arbre ou non; il n'aurait pas su le qui ni le comment, qui en a mangé et qui a trompé. Et s'il le savait, pourquoi faisait-il cette question : « Serait-ce que tu as mangé de l'arbre dont je vous avais défendu de manger? » Aussi, en arrivant tout d'abord, il n'était pas blessé; mais c'est quand il sut qu'Adam en avait mangé, qu'il s'impatienta et entra en colère. . .

141. Une autre preuve de son peu de prescience, c'est qu'il créa le serpent, son propre adversaire [2], et le mit avec eux dans le jardin.

[1] *Hambunici* traduit *svalpam api.*
[2] *Patyâraa*, la désignation d'Ahriman.

Pourquoi n'a-t-il pas fortifié le jardin de telle sorte que le serpent et les autres ennemis ne pussent y pénétrer [1] ?

143. Et sa mendacité ressort de ces paroles qu'il a dites : « Si vous mangez de cet arbre, vous mourrez. » Or ils en ont mangé et n'en sont pas morts, mais sont devenus intelligents et ont pu distinguer [2] le bien du mal.

145. Considérez encore combien contradictoires et discordants sont sa connaissance, son désir et son commandement. Car, s'il désirait que le fruit fût mangé et commandait qu'il ne le fût pas, il savait qu'il le serait. Il paraît donc clairement que son intelligence, son désir et son commandement sont contradictoires.

148. Ajoutez encore que, pour un péché commis par Adam, la malédiction qu'il a jetée sur lui passe sur tous les hommes de tous les temps, injustement ; ce que je considère en toute façon comme une chose déraisonnable, ignorante et folle.

150. On n'en finirait pas sur ce sujet. Ceci me paraît suffisant.

CHAPITRE XIV.

1. Je veux écrire quelques mots encore sur les contradictions et les erreurs de la même Ecriture, qui est pleine de toute sorte d'iniquité et de pensée démoniaque, et, en façon de résumé, j'en exposerai le millième.

4. En premier lieu ce qu'il dit de sa propre nature :

Je suis Adînô qui aime la vengeance, qui prends vengeance [3].

Je prends vengeance sur les enfants jusqu'à la septième génération [4].

Je n'oublie pas ma vengeance première [5].

Ailleurs il est dit :

Ayant pris colère et des pensées lourdes (de ressentiment), sa lèvre est pleine de poison, sa langue est comme le feu brûlant, son souffle comme la rivière débordée [6].

[1] *Ayâosh cim bâghastân awâ drûpusht né kard kush mâr u hanica dushman padash añdar né shawâd.* Comme avait fait Ormazd quand il fortifia le ciel (*u drûpushtash âsmân kart*) pour empêcher le *patyârah* d'y pénétrer (Bundehesh, page 11).

[2] *Huzvârd*, corruption orthographique de *vuzârd* (vi-cârt).

[3] *Man hom Adînô ; khîn qâh, khîn thôzh.* M. West rapproche le Deutéronome, xxxii, 35 : A moi appartient la vengeance et la récompense, לי נקם ושלם. L'auteur a plutôt en mémoire le אל קנוא ונקם de Nahum, i, 2, et le verset cité dans la note suivante.

[4] *U khîn i haft añbadaa pa farzandã thôzhom.* Cf. Exode, xx, 5 : כי אנכי יהוה אלהיך אל קנא פקד עון אבות על־בנים ועל בני בנים על שלשים ועל־רבעים לשנאי. Car je suis l'Eternel ton Dieu, Dieu vengeur, qui poursuis l'iniquité des pères sur les enfants, *jusqu'à la troisième et la quatrième génération* de ceux qui me haissent (4 + 3 = 7 ; cf. Genèse, iv, 5).

[5] Exod., xxxiv, 7 ; ונקה לא ינקה פקד עון אבות על בנים ועל בני בנים על שלשים ועל רבעים. *Qui n'innocente point le coupable* et poursuis l'iniquité des pères, etc.

[6] Ayâfta khashm u garã menishni, vash law pur-zahar, u huzvã cuñ âtashi sozhâ,

13. *Sa voix ressemble à un cri*, et mieux encore au cri d'un démon[1].

14. *Son siège est dans la nuit, le brouillard et la nuée*[2].

15. *Son coursier est le vent desséchant*[3].

16. *De la marche de son pied s'élève un tourbillon de poussière*[4].

17. *Quand il marche, derrière lui se lève aussi la flamme*[5].

18. Ailleurs il parle ainsi de son caractère colère : *Quarante ans durant j'ai été irrité contre les Israélites.* Et il dit : *Les Israélites ont le cœur corrompu*[6].

21. Ailleurs il dit : *Qui est aveugle, hors mon serviteur ? Qui est sourd que le messager que j'établis ? Qui est aveugle comme le roi*[7] *?* Or on sait que leur roi n'est autre qu'Adinô ?

24. Il dit encore que les anges du feu sont corrompus[8]. Et encore que son action produit de la fumée et des charbons ardents[9] et que son effort fait couler le sang[10].

Il dit encore : *J'entasse* (?) *l'homme sur l'homme : je siège dans le ciel sur leurs membres*[11]. Et encore qu'en une seule nuit il fit périr de male mort cent soixante mille hommes de l'armée des gens de Mazandé-

uvakhsh cuñ rôd i arôvînâ. Isaïe, xxx, 27-28 : הנה שם יהוה בא ממרחק בער אפו וכבד משאה שפתיו מלאו זעם ולשונו כאש אכלת ורוחו כנחל שוטף. Voici que le nom du Seigneur vient du lointain, sa colère brûle, son poids est lourd, ses lèvres sont pleines de courroux, sa langue est comme un feu dévorant et son souffle (רוחו, traduit *vakhsh* ; cf. page 6, note 2) comme un fleuve débordé.

[1] Vash vãg ô grînâ humânâ ã i déw vãgî humânâter. Identification douteuse.

[2] Vash nishastan añdar gûam uvazm uawar. *Güam* est une fausse lecture de *tûm* (traduction sanscrite *tamasi*), et *vazm* de *nazm* (persan *nazm* ; cf. l'exemple de Cheikh Azari, dans le Dictionnaire de Vullers, s. v. *nazm*, *nazmi târîk* u *abr* i siyâh).

[3] Vash bâraa vâdi qashînâå. Ps., civ, 3.

[4] Vash ezh raweshni i pâê khâk gard âkhézh ed.

[5] Ka rawed ãsh ezh pasî âkhézh i âdar.

[6] *Cihal sâl awar asarâsarã pa khashm bûd hom — vahéftaa-dil heñd asarâsarã.* Psaumes xcv, 10. ארבעים שנה אקוט בדור ואמר עם תעי לבב הם.

[7]
Ke-hast khôr bé agar bandaa i men
Ke kharg bé frîstaa i hamé brihinom.
Ke hast khôr cuñ pâdishâh (Isaïe, xlii, 19.)

מי עור כי אם־עבדי
וחרש כמלאכי אשלח
מי עור כמשלם
ועור כעבד יהוה

M. Halévy me fait observer que la traduction « comme le roi » (*cuñ pâdishâh*), au lieu de « l'envoyé », repose sur une fausse ponctuation de משלם, lu *moshlam*, au lieu de *meshullam*.

[8] *Fristagã i âtash.* Selon M. Halévy, combinaison de Job, iv, 18 : « Il trouve de la corruption jusque dans ses anges », avec Psaume civ, 4 : « Il fait des anges de la flamme dévorante ». Traiter de corrompus les anges du feu est naturellement pour un Parsi le comble de l'impiété.

[9] *Kunishn dût khurg* (traduit *angâraka* ; c'est le persan *kharak*, hot coals, embers) *baret* ; semble répondre à Psaume xviii, 9 : עלה עשן באפו ... גחלים בערו ממנו.

[10] *Kôkhshishn khûn-réjashni.*

[11] *Mardum yak awar dit sârinom awar âsmân nishînom u awarshâ añdâm.*

ran [1]. Et en une fois aussi il frappa dans le désert six cent mille hommes, sans compter les femmes et les petits enfants, d'entre les Israélites, à part deux hommes qui échappèrent [2].

32. Une autre chose paraît de tout cela, c'est que le résultat final n'est que repentir. Car il est dit : Il pâlit (?) et dit : *Je me repens d'avoir créé l'homme sur la terre* [3]. Il est encore dit qu'il siège sur un trône que quatre anges supportent sur leurs ailes, et sous le poids de leur charge de chacun d'eux, sort un fleuve de feu [4]. Or puisqu'il est esprit, non fait de corps, comment ces quatre malheureux, eux-mêmes légers, ont-ils à peiner et à supporter un poids lourd ?

36. Autre chose. Tous les jours il crée de sa main quatre-vingt-dix mille anges; jusqu'à la nuit ils adorent; après cela il les précipite dans un fleuve de feu [5]. Au spectacle de telle pitié et iniquité, comment les créatures peuvent-elles persister dans les bonnes œuvres et les bonnes actions, puisqu'il précipite dans l'enfer éternel, pêle-mêle avec les coupables, ces malheureux anges, pieux, obéissants, aux actions pures? C'est comme ce que dit une autre secte qu'au jour de la résurrection Dieu jettera dans l'enfer le soleil et la lune avec les autres pécheurs par cette raison qu'il y a des hommes qui leur présentent hommage [6].

40. Ailleurs il est encore dit que Mehâdar Abrâhîm, l'ami d'Adînô [7], ayant eu les yeux malades, Adînô lui-même vint demander de ses nouvelles. Il s'assit sur un coussin et demanda après sa santé. Abrâhîm appela en riant son fils favori Asînâ [8] et lui dit : « Va au Paradis et apporte du vin léger et pur. » Il alla et l'apporta : et

[1] Il s'agit de l'extermination de l'armée de Sennachérib. *Dêvs du Mazandéran* est l'expression courante dans l'Avesta pour désigner les barbares, le Mazandéran étant habité par des populations sauvages.

[2] Les Israélites dans le désert, dont il ne resta que Josué et Caleb.

[3] *Zarigā añdā bût vash guft hu pashêmā hom pa kardan i mardum pa zamî* (Genèse, VI, 6).

[4] Dans Daniel, IX, 10, un fleuve de feu sort de devant le trône de l'Ancien des Jours ; les quatre anges qui supportent le trône sont ceux d'Ezéchiel, ch. I.

[5] Cf. *Hagiga*, 14 : « Chaque jour les anges du service sont créés du Fleuve de feu (qui coule devant le trône divin). Ces anges récitent un hymne et s'évanouissent ». (Cité par M. Halévy, dans son ingénieux article sur les *Aggadot sadducéennes; Revue des Études juives*, tome VIII, 1884, p. 46 : les Sadducéens n'admettaient pas l'*éternité* des anges, Dieu étant la seule substance éternelle.)

[6] Cf. Isaïe, LXI, 19. (Le soleil ne brillera plus pour t'éclairer et la lune ne te donnera plus sa lueur.) Appliqué par les Midraschim à la fin du monde ; cf. Apocalypse, VI, 12 et suite.

[7] *Abrâhîm* est la forme arabe (*Ibrâhîm*) d'Abraham ; « l'ami d'Adino » répond à son épithète arabe de *Khalîl Ullah*. Ceci semble indiquer que notre auteur travaille sur une source arabe. — *Mehâdar* est sans doute le persan *Mehtar*, grand, épithète habituelle des patriarches.

[8] *Asînaa*, en pehlvi *âsînak*, corruption orthographique de Is-haq : la corruption s'est produite par la chute ou le redressement de la partie horizontale du second crochet de *h*.

Abrâhîm fit force instances à Adînô, disant : « Bois du vin... dans ma maison. » Adinô répondit : « Je n'en boirai pas, car il ne vient pas du Paradis et n'est pas pur. » Abrâhîm se porta garant, lui assura qu'il était pur et qu'il venait du Paradis et que c'était son fils Asîna qui l'avait apporté. Alors Adînô, en sa confiance en Asîna et sur le témoignage d'Abrahîm, but du vin[1].

Quand il voulut partir, Abrâhîm ne le laissa pas qu'il ne se fût engagé envers lui par un serment.

51. Considérez ce bavardage plein d'erreur, où il n'y a pas un trait qui convienne à Dieu. Qu'il vienne sous forme corporelle dans la maison d'Abrâhîm, manger du pain et boire du vin, il n'y a là pas un détail qui lui convienne. De plus, il paraît encore de ce récit que le mal d'Abrâhîm ne venait pas d'Adînô, mais de quelque autre agent[2]. Le trouble d'intelligence d'Adinô et sa stupidité étaient tels qu'il ne reconnut pas la pureté ni la provenance du vin. Et il n'a point dit la vérité, puisqu'il a dit qu'il ne boirait pas le vin et a fini par en boire, et confesse qu'il était pur et venait du Paradis. Or un être de telle nature, comment peut-on l'adorer comme un Dieu omniscient et tout puissant?

58. Ailleurs il est dit qu'il y avait un malade qui, avec sa femme et ses enfants, était très misérable, pauvre et dénué. Il était toujours très actif et assidu à la prière, au jeûne et au culte de Dieu. Un jour, dans sa prière, il demanda en secret une faveur ; il dit : « Donne-moi abondance de subsistance, que ma vie soit plus facile. » Un ange descendit vers lui et lui dit : « Ta subsistance, Dieu ne t'en a pas alloti davantage de par les étoiles, et il ne peut te faire un nouveau lot. Mais en récompense de ta piété et de tes prières, je t'ai donné un trône de perles précieuses, à quatre pieds, dans le Paradis : mais si tu veux, je t'en donnerai un pied. » Ayant ainsi été averti par l'ange, il consulta sa femme. La femme répondit : « Mieux vaut nous contenter d'une maigre subsistance et d'une vie

[1] « Cette forme de la légende, nous écrit M. Israël Lévi, semble la combinaison de deux Midrashim relatifs, l'un à Abraham, l'autre à Jacob. A propos de ces mots de la Genèse qui suivent le récit de la circoncision (XVII, 1) : « Dieu apparut à Abraham, ...alors qu'il était assis à la porte de la tente », les Docteurs content que le patriarche était malade des suites de l'opération et que Dieu vint lui rendre visite pour accomplir le devoir de *Bikkour 'Holim* (Bereshit Rabba, 48 ; Baba Meçia, 86 *b*, etc.). Mais ici, il n'est point question d'un vin surnaturel qu'Abraham aurait offert à son hôte. C'est à propos de Jacob que ce vin paraît. Quand Jacob apporte à son père le gibier demandé à Esaïe et préparé par Rebecca, le texte dit : « Et il lui apporta du vin » (XXVII, 25). Comme dans tout le récit antérieur de la préparation du repas, il n'est point parlé de vin, le Targoum du Pseudo-Jonathan croit nécessaire d'expliquer cette lacune et dit : « Il n'avait pas de vin : un ange lui en apporta de celui qui était gardé dans les raisins de la création et Jacob le passa à son père ». — Le *Tanhuma*, cité par le *Yalkout*, 115, est plus explicite encore : « D'où Jacob avait-il ce vin? De l'ange Michel, qui le lui apporta du Paradis. Il n'est parlé de vin de bénédiction qu'ici et à propos d'Abraham et de Melchisédec, Gen., XIV, 18. » C'est à la même confusion des deux récits qu'est due l'attribution à Abraham de la maladie d'yeux d'Isaac. »

[2] Preuve du dualisme.

misérable dans ce monde, que d'être assis au Paradis, parmi nos égaux, sur un trône à trois pieds. Mais si tu peux, obtiens-nous notre subsistance par un autre moyen. »

70. L'ange, à son retour, dit : « Quand je détruirais le firmament, quand je referais à nouveau ciel et terre, quand je disposerais à nouveau et referais la marche des étoiles, je n'en verrais pas mieux s'il doit t'échoir un bon sort ou un mauvais. » De ces mots, il résulte bien clairement qu'il n'est pas lui-même l'auteur de la subsistance et du destin : la répartition ne se fait pas d'après son désir et il ne peut altérer le sort[1]. Et le mouvement de la sphère, du soleil, de la lune et des étoiles n'est point dans le domaine de sa connaissance, de son désir et de son commandement. Et il suit encore que le trône qu'il promet de donner dans le Paradis n'est point de son œuvre et de sa création[2].

75. Ailleurs il dit en son propre fatras : « J'ai fait périr ensemble un grand nombre de pécheurs et une quantité innombrable d'innocents ! » Et comme les anges parlaient beaucoup de la folie de cette action, il dit : « Je suis Adînô, le maître absolu ; le supérieur, celui qui est sans rival, celui qui accomplit son désir et nul n'ose dire mot contre moi. »

79. Le résumé serait long de ce fatras plein d'erreur, qu'il me semble trop long de détailler par écrit. Si quelqu'un veut examiner à fond cette loi perverse, qu'il prenne un ministre de l'écriture sainte, afin qu'il connaisse la nature de toute cette écriture et la vérité de ce que je dis. Maintenant, est-ce un Dieu qu'un être qui a tous ces signes et ces caractères, à qui la vérité est étrangère, le pardon inconnu, et qui n'a pas la connaissance en partage... ? Mais non, c'est le Démon même, c'est le maître de l'enfer, celui qui a son terrier dans les ténèbres[3], celui qui a son germe dans les ténèbres[4] ; c'est lui que des êtres corrompus, démoniaques et pervers, louent et adorent sous le nom d'Adînô[5]. En voilà assez sur ce sujet.

[1] Cf. *Minokhired*, VIII.

[2] La femme de R. Hanina ben Dosa lui dit : Jusqu'à quand serons-nous si malheureux ? — Que faire, dit R. Hanina ? — Prie Dieu qu'il te donne quelque chose. — Il pria et reçut un pied de table d'or. Sa femme vit alors en songe que les justes devaient manger à une table d'or de *trois* pieds, tandis que la sienne n'aurait que deux pieds. Elle dit à son mari : Te plaît-il que tout le monde mange à une table parfaite et nous à une table boiteuse ? — Que faire, demanda-t-il ? — Prie Dieu de reprendre son présent. Il pria et il lui fut repris. Il est dit que le dernier miracle était plus grand que le premier, car c'est une tradition qu'on donne, mais qu'on ne reprend pas ». Taanit, 25 *a*, Berachot, 17. C'est tout ce qu'il y a sur le sujet. (Communication de M. Israël Lévi.)

[3] *Sâr grîstaa* ; lire *târ grîstaa* ; c'est la lecture qu'avait le traducteur sanscrit (*timisra*) : *s* et *t* se confondent aisément en pehlvi. L'enfer est dans l'Avesta appelé « le terrier du démon » (*drujô geredhô*), les animaux qui vivent sous terre étant considérés comme Ahrimaniens.

[4] *Tam-tukhmaa*, zend *temascithra*, épithète avestéenne des démons.

[5] C'est la pure doctrine du Marcionisme.

www.ingramcontent.com/pod-product-compliance
Lightning Source LLC
LaVergne TN
LVHW010344230826
846091LV00009B/4027

* 9 7 8 2 0 1 9 9 1 2 6 9 7 *